初めてでもできる!

ダンス、球技

監修
株式会社ウィンゲート代表
遠山健太

きみも体育が
2
すきになる

岩崎書店

\ 初めてでもできる！ /
ダンス、球技
もくじ

ダンス

ダンスは全然むずかしくない……4
リズム遊びでリズムにのろう……6
ふりつけを覚えるのはこんなに楽しい……8
ステップができるとかっこよく決まる……10
うでのふりをつけたらダンスが完成……16
頭や胸、腰も使ってかっこよくおどろう……18
みんなでフォーメーションダンス……22

コラム スポーツになったブレイキン（ブレイクダンス）……25

球技

ねらったところにボールを投げて遊ぼう……26
めざせ！　ボール投げ10メートル……28
上に投げたボールをキャッチしてみよう……30
速いボールをとれるようになろう……32

ねらったところにボールをけって遊ぼう……34
いろいろなものでボールを打ってみよう……36
ボールをつきながら歩けるようになろう……38
めざせ！　ボールをつきながら30メートル……40
ボール遊びはみんなでやるともっと楽しい……42

コラム　球技の試合を見てみよう……44

全巻共通さくいん……46

−この本の特色−

▶ 動画で解説を見られる

　動画で解説を見られるものには、コードがついています。スマートフォンやタブレットのカメラでこのコードを写してURLを読みこむと、動画を見ることができます。使い方がわからない人は、大人に聞きましょう。　　　※動画を見るためには通信料がかかります。

▶ 身につく運動能力がわかる

　運動が得意になるために大切な能力を示すマークです。その能力が身につく運動に表示しています。くわしくは1巻の14ページを見てください。

リズム感

リズム感がある

バランス能力

バランスがとれる

きりかえ能力

パッとすばやく動きを切りかえられる

反応能力

合図に対して正しく反応できる

スムーズさ

体ぜんぶをスムーズに動かせる

道具コントロール能力

道具をうまく使える

きょり計算能力

ものとの距離感をつかめる

ダンスは全然むずかしくない

「ダンス」と聞くと、むずかしそうに思うかもしれません。でも、かんたんな動きから始めれば、できそうな気がしませんか？

やってみよう

動きを少しずつ足していくと だんだんダンスになっていくよ

まずは、前後左右へ1歩動くだけの「レベル1」をやってみましょう。レベル1ができたらレベル2と、ひとつずつレベルを上げていきます。

レベル1 「いち、に」のリズムで前後左右に動いてみよう

基本の位置

十字の線を
イメージ

横へ1歩
ふみ出す

いち

足をもどす。
右、左、前、後ろと
くり返す

に

アイドルやアーティストのダンスを見たら、だれだって自分もおどりたいと思うはず。「でも、むずかしそうだから無理かも」と思っていませんか。そんなことはありません。複雑なふりつけのダンスも、どんどん分解していくと、実は単純な動きの組み合わせなのです。その単純な動きなら、だれでもかんたんにできます。

たとえば、ここで紹介するレベル1の動きは、だれでもすぐにできるはず。そこから、レベル2、レベル3と、少しずつ動きを加えていきます。すると、もうダンスです。

ダンスは実際にやってみると、思っていたよりも楽しかったりします。ふりつけを覚える達成感もあるし、音楽にのって友だちといっしょにおどる楽しさも味わえます。

レベル2 レベル1の"いち"のときに強くふみこんでみよう

いち

強くふみこむ

に

元にもどる

レベル3 レベル2にうでや頭の動きをつけてみよう

いち

ひじを曲げて

に

手拍子

テンポを上げてノリノリでやればダンスだね

リズム遊びで リズムにのろう

リズム遊びをしているうちに、自然と体が動くようになります。
自分でリズムをつくるつもりで、楽しくやってみましょう。

やってみよう

リズムどおりに体を 動かせるかな？

下の4つのリズムに合わせて手をたたいてみましょう。「タ」のときは、「タン」のときより少しスピードが速くなります。リズムを声に出すと、うまく手をたたけます。

スムーズさ　リズム感

タン・タン・タン

タ・タ・タン・タン

タン・タ・タ・タン

タ・タ・タ・タ・タン・タ・タ

動画でも見てみよう！

このコードを読みこむと「リズム遊び」の動画を見ることができます。

リズムに合わせてかんたんなダンスができるかな？

リズムに合わせて、足を左右に開くかんたんなダンスをやってみましょう。足を閉じるときに、軽くひざを曲げるとよりダンスらしくなります。

1 足で「タン・タ・タ・タン」のリズムをやってみよう

基本の位置

開いて
タン

開いて
タ

閉じる
タ

閉じる
タン

2 足で「タ・タ・タ・タ・タン・タ・タ」のリズムをやってみよう

開いて
タ

開いて
タ

閉じる
タ

閉じる
タ

両足を開いて
タン

閉じる
タ

閉じる
タ

3 手拍子をつけてやってみよう

上の 1 と 2 の足ぶみを、手拍子といっしょにやってみましょう。手だけ、足だけでリズムをとるより、ちょっとむずかしいかもしれません。

ふりつけを覚えるのはこんなに楽しい

昔ながらの手遊びも、ダンスのようなもの。ふりつけを覚えて、友だちと合わせられたとき、ちょっとした達成感がありますよ。

やってみよう

"アルプス一万尺"のふりつけを友だちと覚えよう

リズム感 ♪

"アルプス一万尺"の歌に合わせて、手遊びをやってみましょう。頭の体操にもなります。2人で、ふりつけを覚えます。できるようになったら、どれくらい速くできるか、挑戦してみてもおもしろいですね。

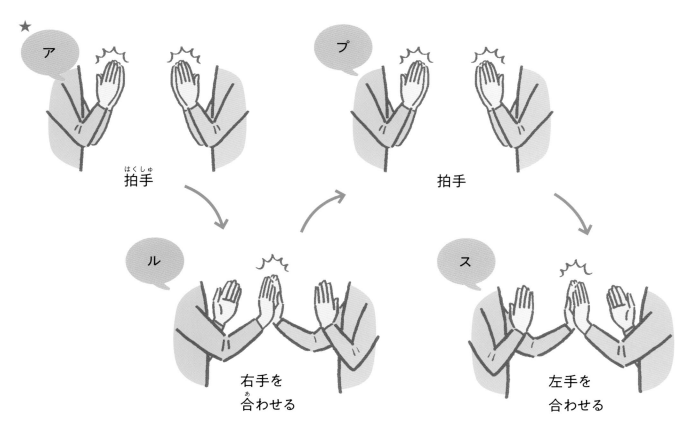

★ ア
拍手

プ
拍手

ル
右手を合わせる

ス
左手を合わせる

いち

左手はそのまま
右手を下で
合わせる

まん

右手を
上げながら
さらに左手を
合わせる

じゃ

左手を上げながら
さらに右手を
合わせる

く

右手を上げながら
もう一度左手を
合わせる

動画でも見てみよう！

このコードを読み
こむと「アルプス一
万尺の手遊び」の動
画を見ることができ
ます。

こ

両手を合わせて右にひねる

やりの

両手を合わせたまま、
左手の甲どうしを合わせる

う

左手の甲を合わせたまま、
右手を上で合わせる

一

左手の甲を合わせたまま、
自分の手のひらを合わせる

えで

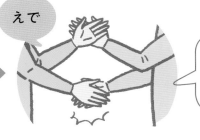

左手の甲を合わせたまま、
右手を下で合わせる

このあとは、★マークに
もどってくり返そう

9

ステップができると
かっこよく決まる

ダンスでの足の動きを「ステップ」といいます。むずかしく見えますが、
かんたんな動きから始めていけば、きっとできます。

やってみよう

グーパーステップが
できるかな？

足を閉じる動きをグー、開く動きをパー。このグーパーを基本としたステップをやってみましょう。足のグーパーはかんたんですが、少しずつ動きを変えていくだけで、かっこいいステップになります。

レベル1 足をグーパーさせる

グー

リズムよく
くり返そう

いち

に パー

これができたら
レベル2に進めば
いいんだね

動画でも見てみよう！

このコードを読みこむと「グーパーステップ」の動画を見ることができます。

レベル 2 "グー"のときに片足を上げる

足上げ

いち

パッ

パッと足を開くと
かっこよく決まるよ

レベル 3 リズムはそのまま
"パー"のときに横を向く

左足上げ

いち

左向きパッ

に

左へ回る

正面へもどる

右足上げ

さん

右向きパッ

し

右へ回る

レベル 4 スピードを上げて
リズムよくできたら、
グーパーステップ完成

レベル 1 左右にステップをふむ

2本の線（せん）が
あるイメージで

キックステップが
できるかな？

キックの動（うご）きを取（と）り入（い）れたステップです。慣（な）れてきたら、足を下げるときに体（からだ）を少しかがめると、ダンスらしくなります。

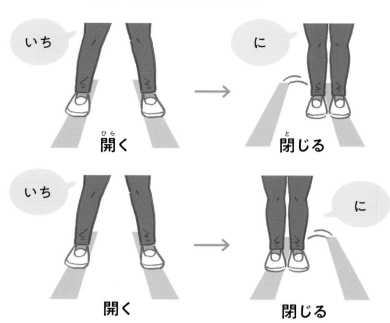

いち
開（ひら）く

に
閉（と）じる

いち
開（ひら）く

に
閉じる

レベル 2 "閉（と）じる"ときに足を後（うし）ろへ下げる

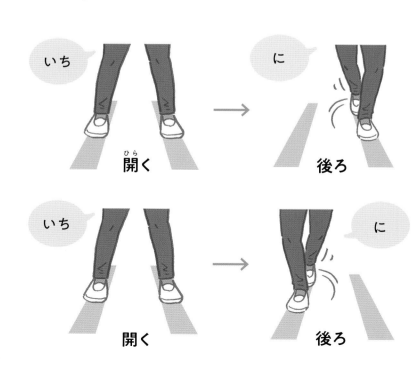

いち
開（ひら）く

に
後ろ

いち
開く

に
後ろ

"開く" 前に キックを入れる

外へ けり出そう

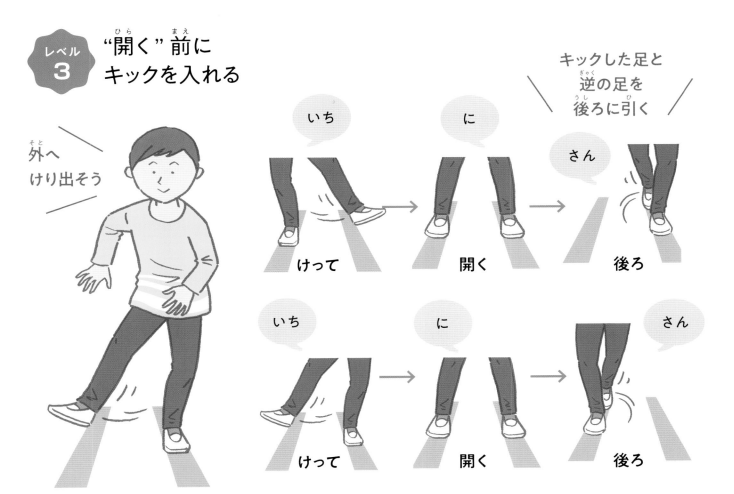

キックした足と 逆の足を 後ろに引く

いち　　に　　さん

けって　　開く　　後ろ

いち　　に　　さん

けって　　開く　　後ろ

スピードを上げて リズムよくできたら、 キックステップ完成

キックのときに 元気よくやると かっこよくなるね

動画でも見てみよう！

このコードを読みこむと「キックステップ」の動画を見ることができます。

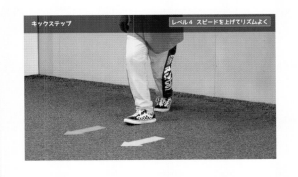

キックステップ　　　　レベル4 スピードを上げてリズムよく

ランニングマンが できるかな？

「ランニングマン」は、ヒップホップのダンスなどでよく使われるステップ。場所は変わらないのに、まるで走っているように見えます。

くり返しているうちに、体が動きを覚えていくよ

動画でも見てみよう！

このコードを読みこむと「ランニングマン」の動画を見ることができます。

 その場で 足ぶみ

 足ぶみをしたまま ひざを上げたときにピタッと止める

いち

ピタッ

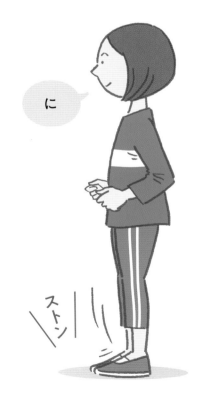

に

ストン

ひざを上げる   足を下ろす

ランニングマン定番の<ruby>うでのふり<rt>ていばん</rt></ruby>

ランニングマンには、<ruby>基本<rt>きほん</rt></ruby>のうでのふりがあります。ステップができるようになったら、いっしょにやってみましょう。動きは、それほどむずかしくありません。足の動きに<ruby>合<rt>あ</rt></ruby>わせて、<ruby>両<rt>りょう</rt></ruby>うでをいっしょに<ruby>曲<rt>ま</rt></ruby>げたりのばしたりします。足を上げるときにうでをのばして、足を下ろすときにうでを曲げましょう。

レベル3 足を下ろすと<ruby>同時<rt>どうじ</rt></ruby>に<ruby>逆<rt>ぎゃく</rt></ruby>の足を<ruby>後<rt>うし</rt></ruby>ろに下げる

いち

ピタッ

ひざを上げる

に

足を下ろすと同時に、
逆の足を後ろに下げる

左右の足は、<ruby>軽<rt>かる</rt></ruby>くジャンプして<ruby>一息<rt>ひといき</rt></ruby>で入れ<ruby>替<rt>か</rt></ruby>えましょう。軽くジャンプしている<ruby>間<rt>あいだ</rt></ruby>に、<ruby>前<rt>まえ</rt></ruby>に出ていた足は<ruby>体<rt>からだ</rt></ruby>の<ruby>真下<rt>ました</rt></ruby>に、後ろに下げた足はひざを上げた<ruby>状態<rt>じょうたい</rt></ruby>まで一気に引き上げます。

レベル4

スピードを上げて
リズムよくできたら、
ランニングマン<ruby>完成<rt>かんせい</rt></ruby>

うでのふりをつけたらダンスが完成

ステップができたら、うでのふりをつけてみましょう。
手と足を同時に動かさないといけませんが、うまくできるかな?

やってみよう

グーパーステップに
うでのふりを
つけられるかな?

 スムーズさ

 きりかえ能力

10〜11ページのグーパーステップにうでのふりをつけてみましょう。ステップの動きに合わせて、弓を引くようなふりをつけます。ねこ背にならないように気をつけましょう。

いち

左足を上げながら
両うでを前にのばす

弓を
引くように

に

左を向きながら
左うでを引く

さん

右足を上げながら
両うでを前にのばす

弓を
引くように

し

右を向きながら
右うでを引く

16

キックステップに
うでのふりをつけられるかな？

12〜13ページのキックステップに
うでのふりをつけましょう。足の動き
に合わせて、うでを大きく動かします。

けって

いち

両うでを大きく
広げる

に

開く

後ろ

さん

片うでを
ななめ下に

これまでやってきた
ステップとふりで
おどれるかな？

最後に音楽に合わせておどりましょう。どんな音
楽でもいいですが、4拍子の曲だとおどりやすいで
す。ぜひ自分のすきな曲を選んでみてください。

音楽に合わせて
おどれたら
自信がつくね

動画でも見てみよう！

このコードを読み
こむと「ステップと
ふりをいっしょに」
の動画を見ることが
できます。

ステップとふりをいっしょに　　　グーパーステップ

頭や胸、腰も使ってかっこよくおどろう

うでや足以外の部分も使うと、動きがやわらかく、かっこよく決まります。体の一部だけを動かすことを「アイソレーション」といいます。

考えてみよう

？ 同じダンスをしていても動きがかっこいい人がいるのは、なぜ？

➡ うでや足以外の部分をうまく使っている人は、かっこよく見える

とくにこの3つの部分を自由に動かせるようになろう

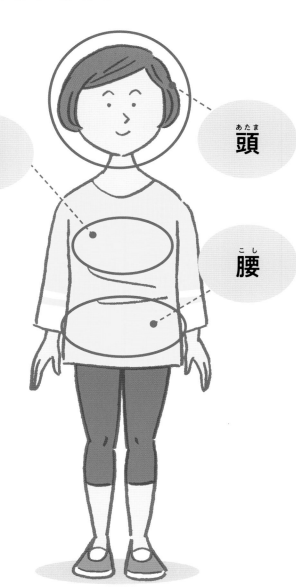

胸

頭

腰

体のやわらかさは運動するうえで大切ですが（→1巻）、ダンスでも同じです。

ロボットのカクカクした動きでは、じょうずにおどれません。人間の関節は複雑な動きができるので、おどるときにいろいろな表現ができるのです。さらに、大きな動きや小さな動き、速い動きやゆっくりした動きなど、動きにメリハリがあるとダンスはかっこよく見えます。それに感情が加われば、さらによくなります。

頭だけを自由に動かせるかな？

前後

左右

左右のかべに
耳をつけるように

鳥がエサを
食べている
みたいに

顔を正面に向けたまま、頭だけを前、後ろに動かします。後ろに動かすときは、かべに頭を当てるようにやってみましょう。

顔を正面にして、頭を左右真横に動かします。首をかしげたり、横を向いたりしていないか鏡で確認しましょう。

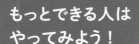
もっとできる人は
やってみよう！

円をかくようにぐるっと回す

頭を前後、左右に動かせるようになったら、この動きをつなげて、ぐるっと回しましょう。顔は正面に向けて、水平に動かします。20ページの腰の動きでも同様にチャレンジしてみてください。

動画でも見てみよう！

このコードを読みこむと「頭・胸・腰だけを動かす」の動画を見ることができます。

胸だけを自由に動かせるかな？

やってみよう

前

> 肩はそのまま動かさない

胸を前へ動かすときは、ななめ上に向かうようにします。深呼吸をしたときに胸がふくらむようなイメージでやってみましょう。

後ろ

> ねこ背にならないように

後ろに動かすときは、胸の真ん中を押されるイメージでやってみましょう。肩が動かないように注意します。

腰だけを自由に動かせるかな？

やってみよう

前後

> 上半身が動かないように気をつけて

ひざを曲げて、腰を押したり引いたりします。前に動かすときは、骨盤（腰の骨）をおへそに近づけるようにします。

左右

> 横のかべに腰を当てるように

上半身が左右に動かないように、気をつけましょう。腰を少し右上、左上に持ち上げるようにすると、上半身が動きにくくなります。

自由に動きを大きくしたり、小さくしたりできるかな？

スムーズさ

1 大きく動かす

胸でやってみよう

> 動きを大きくすると激しい感じや元気な感じになるね

胸の動きでやってみましょう。できるだけ動きを大きく、速くします。

2 小さく動かす

> 動きが小さいと静かで落ち着いた印象になるね

胸を小さく動かしてみましょう。動きを小さくしたり、ゆっくりしたりすると、同じ動きでも、落ち着いて見えます。

もっとできる人はやってみよう！

楽しさをダンスで表現

言葉ではなく、体だけで気持ちを伝えられるのもダンスの楽しみ方のひとつです。楽しいときやワクワクしているとき、自分がどんな様子で、どんな動きをしているか、思い出してみてください。ここでやったような、大きな動き・小さな動きを使って表現できるか、やってみましょう。

3 大きい動き・小さい動きをくり返す

少しむずかしいですが、大きい動きと小さい動きを順番にやってみましょう。じょうずに動きを切りかえられるようになると、ダンスにメリハリがついて、かっこよく決まります。

みんなで
フォーメーションダンス

まわりと息を合わせて、フォーメーションダンスをやってみましょう。
まわりと自分との距離感をつかむ力（きょり計算能力）がつきます。

やってみよう

コインを使って
フォーメーションを考えてみよう

一列に並ぶ？

前後に
ずれる？

人数分のコインを用意しましょう。3人なら、3種類のコインを用意します。それぞれ自分のコインを決めたら、どんなフォーメーションができるか、できるだけたくさん考えてみましょう。

ダンスでは、体育に必要ないろいろな能力が身につきます。リズム感やバランス能力はもちろん、筋力や柔軟性も向上します。ほかの人とおどるフォーメーションダンスなら、自分と周囲の動きをつかみ、今自分がどこにいて、次にどこに動くのか、といった空間を認識する能力も身につきます。

たとえばこんな
フォーメーションが
できるよ！

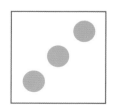

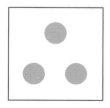

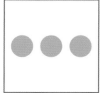

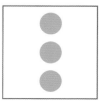

2人でフォーメーションダンスをやってみよう

リズム感　きりかえ能力　きより計算能力

2人組になって、リズムに合わせて場所を交代するフォーメーションダンスをやってみましょう。位置についたら、2人で声をそろえて、タイミングをそろえます。

1 正方形の角4点に丸い印をつけてななめになるように立つ

スタート地点

せーの

たてと横が1m
くらいの正方形

2 同じタイミングで、となりの角へ時計回りに動く

いち、に

3 同じようにして同時にとなりの角へ動く

さん、し

息を合わせて
リズムよく
場所の交代が
できたね

みんなで練習して発表会をしてみよう

1 ダンスの内容を打ち合わせる

どんなダンスをおどりたいか、みんなで相談します。みんなの意見を聞くだけではなく、自分でも「こうしたらよくなりそう」と思うことがあれば、伝えてみましょう。

2 ペアやグループで練習する

どんなダンスにするか決まったら、ペアやグループになって練習しましょう。おたがいのダンスを見合うだけではなく、向かい合って練習するのもいいでしょう。

もっとできる人はやってみよう！

創作ダンス

自分で考えた自由なふりつけでおどるのも、ダンスの楽しみ方のひとつ。一曲すべて自分でふりつけを考えるのはむずかしいかもしれませんね。曲の一部だけでもいいので、ここまで練習したステップから考えてみましょう。

ひとりでも楽しいけれど、ダンスはみんなでおどるともっと楽しくなります。発表会に向けて、ダンスの内容を話し合い、くり返し練習します。ちょっと緊張しますが、だれかに見てもらうのもいいかもしれませんね。

ダンスの内容については、画用紙に絵をかくときのように、まずどんなダンスにするのかを考えましょう。そして話し合いです。みんなで力を合わせて完成させましょう。

スポーツになった ブレイキン（ブレイクダンス）

ストリートダンスのひとつ、「ブレイキン」は、近年スポーツとしても認められ、2018年のユースオリンピック*の正式種目にもなっています。

立っておどるワザ（トップロック）

アクロバティックな大ワザ（パワームーブ）

ゆかに手をついて行う足ワザ（フットワーク）

ピタッと動きを止めるワザ（フリーズ）

ブレイキンのルール

- 試合はバトル形式
- 1対1の個人戦、あるいは複数のチームで戦うことも
- 「かっこよくワザが決められるか」「音楽と合っているか」「個性を表現できているか」などに点がつき、その合計点を競う

ここに注目！

ブレイキンのワザ

頭で回ったり、体全体ではねたり、ブレイキンでくり広げられるワザは迫力満点です。ブレイキンのワザは、大きく4つに分けられます。どんなワザを組み合わせているか、ぜひ見てみてください。

* 15歳から18歳までの選手が出場できる国際的なスポーツの大会。オリンピックと同じように4年に一度開かれる。

球技
（きゅうぎ）

ねらったところに
ボールを投げて遊ぼう
（な）（あそ）

ねらった場所へ投げるとき、大切なのは指先のコントロールです。
（ばしょ）（たいせつ）（ゆびさき）
まずは丸めた紙や小さいボールで、遊びながらやってみましょう。
（まる）（かみ）

やってみよう

紙くずをゴミ箱に
（かみ）（ばこ）
シュートできるかな？

きより計算能力

▼ 慣れてきたら
（な）
紙くずボールの大きさや
（かみ）
重さを変えたり、本物のボールに
（おも）（か）（ほんもの）
変えてみたりしよう
（か）

▼ 慣れてきたら
（な）
上投げにしたり、
（うえな）
きき手と逆の手で
（ぎゃく）
やってみよう

※はずれた
紙くずボールは
（かみ）
ちゃんと
片づけましょう。
（かた）

紙を丸めて、紙くずボールを
（かみ）（まる）
つくります。少しはなれたとこ
（すこ）
ろから、ゴミ箱へ投げてみまし
（ばこ）（な）
ょう。はじめはうまくできなく
てもだいじょうぶ。どうしたら
うまく入るか考えてみましょう。
（かんが）

ボール投げが得意な人と、そうでない人がいます。走る、とぶ、バランスをとるといった基本動作は、ふつうに生活していてもじょうずになりますが、ボール投げはちがいます。意識して練習しないと、じょうずに投げられるようにならないのです。

つまり、もし今投げるのが少しにがてでも、練習すればどんどん上達するということ。ボール投げがじょうずになると、きっと体育がもっと楽しくなります。

ねらったところにうまく投げたいなら指先で投げる遊びを、遠くまで投げたいなら上から投げる練習をしましょう。上から投げる方法には基本の形があります。この形を身につけるのが、ボール投げがうまくなる近道です。次のページで見てみましょう。

やってみよう
ひじの先だけ使って、ボールを投げられるかな？

1 ボールを持ってひじを固定する

これができたら
ボールのコントロールは
ばっちりなんだね

投げるところを
しっかり見る

2 手首をうまく使って、ねらったところに投げる

コントロールは
指先で

野球ボールくらいの、小さめのボールを用意しましょう。ボールを持って、ひじより先だけで投げます。手首を使いますが、ボールは指先でコントロールします。

めざせ！ボール投げ10メートル

遠くにボールを投げるには、基本の形（フォーム）を身につけるのがいちばんです。まずは10メートルを目標にしてみましょう。

やってみよう

きちんとしたフォームでボールを投げられるかな？

ひじが肩より高くなるように

ボールを投げるところをしっかり見る

ボールを持っていないうでは前にのばす

ボールを持つ手と逆の足を前に出す

1 ボールを持ってかまえる

ドッジボールくらいの、大きめのボールを用意します。ボールを手に持って、図のようにかまえましょう。ボールを持っていない手や、前に出す足にも気をつけます。

慣れてきたら、野球のピッチャーのようにふみ出す足を上げてやってみましょう。

うでのふりを強くする

うでをふる力を強くすると、もっと遠くへボールを投げられます。この力をつけるには、紙飛行機や紙鉄砲など、うでをふる遊びがいいでしょう。紙飛行機をどこまで遠くに飛ばせるか競ったり、紙鉄砲で音を出せるかやってみましょう。

2 体をねじるようにして ボールを投げる

1の姿勢から、上半身をねじるようにしてボールを投げます。前の足に体重をのせて逆のうでを下げると、体がねじれます。

投げるほうと
逆のうでを下げる

うでを
強くふる

前の足に
体重をのせる

動画でも見てみよう！

このコードを読みこむと「ボール投げ」の動画を見ることができます。

こんなふうに
なっていないかな？

× うでの力
だけで
投げている

上に投げたボールをキャッチしてみよう

ボールをとるとき、こわくてつい目をそらしていませんか？
しっかりボールを見れば、きっとうまくとれるようになります。

やってみよう
上に投げたタオルをキャッチしてみよう

1 タオルを上に投げる

タオルを
見る

ボールは丸くてとるのがむずかしいので、まずはボールの代わりに、タオルやハンカチでやってみましょう。大切なのはタオルやハンカチをしっかり見ることです。

2 片手でキャッチする

▼ 慣れてきたら
タオルを結んで
ボールのようにしてみよう

どうしたらボールをじょうずにとることができるか、考えてみましょう。ボールをかたいかべに当てると、ボールははね返ってしまいます。でも、やわらかいクッションに当てたら、はね返りません。ボールをとるとき、自分の手をかたくしていると、はね返ってしまってとりにくそうですね。クッションのようにやわらかくし

ておいたほうが、とりやすいのです。

上に投げたボールをキャッチしてみましょう。手がかべのようになっているととりにくいので、クッションのようにやわらかくします。指や手首の関節の力がぬけていることが大切。落ちてくるボールをふわっと包みこむようにつかむと、じょうずにとれます。

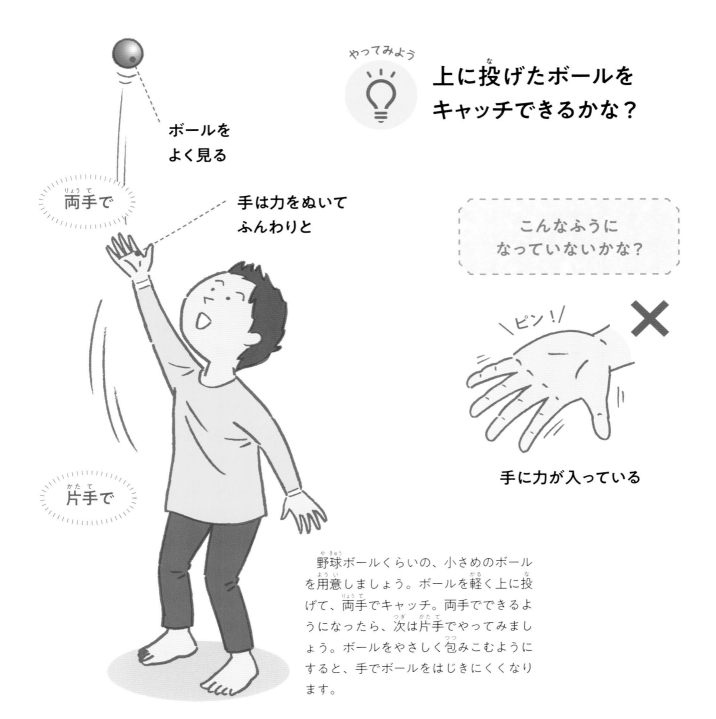

ボールを
よく見る

両手で

手は力をぬいて
ふんわりと

片手で

やってみよう

上に投げたボールを
キャッチできるかな？

こんなふうに
なっていないかな？

\ ピン！/

×

手に力が入っている

野球ボールくらいの、小さめのボールを用意しましょう。ボールを軽く上に投げて、両手でキャッチ。両手でできるようになったら、次は片手でやってみましょう。ボールをやさしく包みこむようにすると、手でボールをはじきにくくなります。

速いボールを
<ruby>速<rt>はや</rt></ruby>いボールを
とれるようになろう

速いボールはこわくて、なかなかとれませんよね。でも<ruby>勇気<rt>ゆうき</rt></ruby>を出して<ruby>全身<rt>ぜんしん</rt></ruby>で<ruby>受<rt>う</rt></ruby>け<ruby>止<rt>と</rt></ruby>めてみましょう。きっととることができます。

やってみよう

速いボールを体で
<ruby>速<rt>はや</rt></ruby>いボールを<ruby>体<rt>からだ</rt></ruby>で
受け止められるかな？
<ruby>受<rt>う</rt></ruby>け<ruby>止<rt>と</rt></ruby>められるかな？

1 かまえる

ボールの
あるほうに
目とおへそを
<ruby>向<rt>む</rt></ruby>ける

<ruby>少<rt>すこ</rt></ruby>し<ruby>速<rt>はや</rt></ruby>めのボールを<ruby>投<rt>な</rt></ruby>げてもらって、<ruby>胸<rt>むね</rt></ruby>やおなかでキャッチします。ドッジボールくらいの、大きめのボールでやってみましょう。ゴムボールを<ruby>使<rt>つか</rt></ruby>えば、痛くありません。

ひじやひざは
力をぬいてやわらかく

2 ボールをとる

ボールを
だきかかえる
ように

動画でも見てみよう！
<ruby>動画<rt>どうが</rt></ruby>でも<ruby>見<rt>み</rt></ruby>てみよう！

このコードを<ruby>読<rt>よ</rt></ruby>みこむと「ボールのキャッチ」の動画を見ることができます。

ボールのキャッチ

ドッジボールで速いボールをとるのは、手だけではむずかしいので、胸やおなかも使います。胸やおなかをクッションのように使ってボールを受け止め、両うででボールをすくうようにしてかかえこみます。こうやって受け止めれば、ケガもしません。コツは、ボールをよく見て、正面にきたボールだけをとることです。

考えてみよう

？

足元のボールは どうやって とればいい？

➡ **手だけでキャッチせず、 体を低くしてとる**

体の正面で 受ける

ひざをついて 体を低くする

もっとできる人は やってみよう！

ボールをよける

ボールをよけることができるのも、大切な運動能力のひとつです。なぜなら、よけるためにはボールをしっかり見なければいけないから。これは、ボールをとる能力にもつながります。

ボールをとる練習といっしょに、よける練習もしてみましょう。ボールをはずませてもらって、当たらないようにサッと横に身をかわします。

ねらったところにボールをけって遊ぼう

足は、手以上にコントロールがむずかしいところです。いろいろなけり方をやってみることで、足の感覚もみがかれていきます。

やってみよう

足のいろいろなところでけってみよう

ボールをけるとき、いろいろな部分でけってみると、それぞれけりやすさがちがうことに気づきませんか？　サッカーボールくらいの、大きめのボールを用意して、けってみましょう。

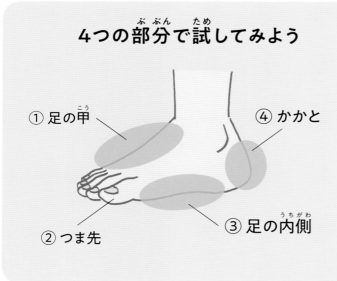

4つの部分で試してみよう

① 足の甲
④ かかと
② つま先
③ 足の内側

　足は手のように器用に動かせません。ねらったところにボールをけることは、投げることよりむずかしいのです。でも、足のいろいろな部分を使うことで、足でもボールをうまくあつかえます。ねらったところにけるなら、足の内側を使うのがいちばん正確。強くけるなら足の甲にボールを当てます。右足でも左足でもけることができると、運動がもっと得意になります。

ボールを遠くへ けることができるかな？

きょり計算能力

1 軸足をふみ出して 足を大きく後ろにふる

軸足は
ボールの横に
ふみ出す

サッカーボールくらいの、大きめのボールを用意します。自分の少し前に置いたら、ボールをけらない足（軸足）をボールの横にふみ出して、ボールをける足を大きく後ろにふります。

2 足の甲で強くける

足首を
グッと反らす

後ろに大きくふった足をふり下ろして、足の甲で強くボールをけります。足首をグッと反らして、まっすぐのばすことが大切です。

空中のボールをける ことができるかな？

1 ける足の前に ボールを落とす

足元に落としたボールを足でけります。これをパントキックといいます。ボールが動いているので、少しむずかしいかもしれません。どのくらい高くけることができるか、やってみましょう。

3 思いきり足を ふり上げる

2 足の甲でける

いろいろなもので ボールを打ってみよう

ボールを打つスポーツはたくさんありますね。基本の用具でボールを打てるようになったら、どんな用具でもできるようになります。

やってみよう

投げてもらったボールを 手で打てるかな？

きょり計算能力

用具を使ってボールを打つ前に、まず自分の手のひらで打ちましょう。野球ボールくらいの、小さめのボールを用意して、だれかに下から投げてもらいます。

野球、テニス、卓球など、用具でボールを打つスポーツはいろいろあります。バットやラケットなどは手の延長ですから、まずは投げてもらったボールを、手で打つことから始めてみましょう。手のひらでポーンと打ち返します。手で打つことができたら、手づくりのラケットやバットを使って、ボールを打ってみます。ねら

ったところに打ち返せるかな。どうやったら遠くまでボールを飛ばせるかな。いろいろ試してみましょう。

また動くボールだけでなく、止まったボールも打てるようになるといいでしょう。ゴルフや野球に似た「ティーボール」という競技があるので、機会があればぜひやってみてください。

ラケットやバットで ボールを打てるかな？

道具コントロール能力

きょり計算能力

ハンガー
ラケットで

小さめのボールと、手づくりのハンガーラケットを使って遊びましょう。用具を使うときも、手のひらでボールを打つのと打ち方は同じです。手が少しのびていると考えましょう。

ハンガーラケットの つくり方

❶ 針金ハンガーを
ひし形に広げる

❷ ストッキングや
くつ下を
かぶせる

❸ 持つところを
曲げて
テープでとめる

紙バットの つくり方

❶ 新聞紙を重ねて棒状に丸める

❷ テープでしっかりとめる
（ダンボールで全体的に
補強してもいい）

紙バットで

小さいボールと、紙でつくったバットで、バッティング遊びができます。できるようになったら、右打ちの人は左打ちで打ってみるなど、逆の打ち方もやってみましょう。

ボールをつきながら歩けるようになろう

ボールをはずませるには、ボールと仲よくなることが大切。
ボールのことがわかれば、つきながら歩くのもむずかしくありません。

やってみよう

ボールをうまくはずませられるかな？

ドッジボールくらいの大きさの、よくはずむボールを用意します。立ったまま、ゆかにボールをつきます。いちばん高くはずんだときにボールを押すと、連続でうまくはずませられます。

両手で

左手で

右手で

▼ 慣れてきたら

いろいろな場所ではずませてみよう
・コンクリートの地面
・木のゆか
・砂地　など

道具コントロール能力　リズム感

大切なのはリズム感。ボールに力を加えるタイミングが合っていないと、うまくはずんでくれません。最初は両手を使い、はずんできたボールをタイミングよく押せるようにします。それができたら片手で。手のひらではなく指先を使うと、ボールがねらったところではずんでくれます。次はつきながら歩いてみましょう。

ボールをつきながら歩けるかな？

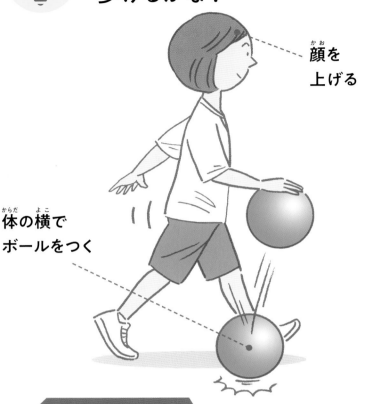

顔を上げる

体の横でボールをつく

× 体の正面でついて、ボールをけってしまう

大きめのよくはずむボールを使って、ボールをつきながら歩いてみましょう。体の正面でボールをつくと歩きづらいので、体の横でボールをつきます。

もっとできる人はやってみよう！

ジグザグドリブル

友だちとぶつからないようにしながら、ジグザグに歩いてみましょう。まわりを見ていないといけないので、ボールを見ないで歩く練習になります。体力テストでジグザグドリブルがあるときは、目標を立ててやってみましょう（下の表を参照）。学年は気にせず、自分の成長（身長）に合った目標を立てることが大切です。

男子		女子	
125cm 未満	22.3秒	124cm 未満	25.2秒
136cm 未満	20.0秒	137cm 未満	21.9秒
136cm 以上	16.7秒	137cm 以上	18.6秒

スタート地点から 5m 先にポールやコーンを 1 本立て、その先に 3m 間隔で 4 本立てます。その間を片手ドリブルで往復する時間を計ります。

めざせ！ ボールをつきながら30メートル

バスケットボールのコートのはしからはしまでは30メートルほど。
ボールをつきながら走れたら、もっとゲームが楽しめそうですね。

やってみよう

ドリブルしながら走れるかな？

1 体のななめ前にボールをつく

走りながらボールをつくときは、体の真横にボールをつくと、ボールがどんどん体の後ろにいってしまいます。走る速さに合わせて、少し前につきましょう。

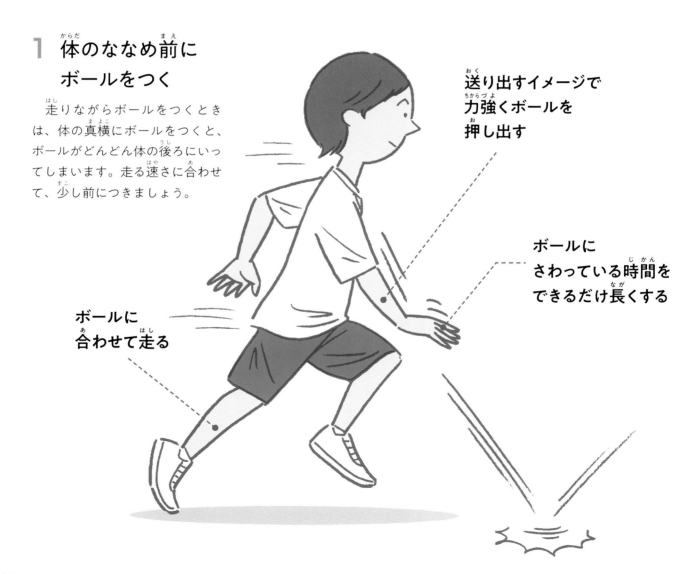

送り出すイメージで力強くボールを押し出す

ボールにさわっている時間をできるだけ長くする

ボールに合わせて走る

バスケットボール

よく知られているのがアメリカのプロバスケットリーグのNBAですが、日本にもBリーグやWリーグというプロリーグがあります。ルールをよく知らずに見ていても楽しいですが、以下のポジションを知っておくといいでしょう。

フォワード
チームの中でも、積極的に得点をとりにいくポジションです。

センター
主にゴールの前で動くポジションです。チームの大黒柱の役割をします。

ガード
主にボールを運ぶポジションです。シュートを決めたり、チームの司令塔の役割もしたりします。

テレビ中継だけじゃなくて近所でやっている試合を見に行ってもいいね

バスケットボールの基本ルール

・ボールを持ったまま3歩以上歩けない
・ボール運びは手で
・1チーム5人で行う
・ふつうのシュートなら2点
　（ゴールの仕方によって1〜3点）
・試合は合計40分で10分ずつ4回行う

ここに注目！

試合前の選手たちの練習

もし試合前の練習を見る機会があれば、ぜひ注目してみてください。一見バスケットボールに関係がないような練習をしている選手がいたら、プレーにどう役立つのか、考えてみるのも楽しいかもしれません。

全巻共通さくいん

【あ】

アイソレーション ……………………………… ② 18
足かけ上がり ……………………………………… ④ 33
足首の関節 ……………………………… ① 33、① 35、① 42
足指じゃんけん …………………………………… ③ 6
アスレチック遊具 ………………………… ① 30、④ 16
あやとび …………………………………………… ④ 7
歩く ………………………………………………… ① 18
息つぎ ………………………… ③ 26、③ 35、③ 38、③ 42
後ろとび …………………………………………… ④ 6
後ろ走り …………………………………………… ③ 11
うでふり …………………………………………… ③ 12
うで回し（クロール） …………………………… ③ 36
馬とび ……………………………………………… ④ 17
えんぴつ浮き ……………………………………… ③ 31
おしり歩き ………………………………………… ① 40
おにごっこ ………………………………… ① 25、③ 8
泳ぎマネストレッチ ……………………………… ① 36

【か】

開脚後転 …………………………………………… ④ 38
開脚前転 …………………………………………… ④ 36
カエルジャンプ …………………………………… ④ 18
カエルの足打ち …………………………………… ④ 34
カエルのキック（平泳ぎ） ……………………… ③ 40
顔洗いストレッチ ………………………………… ① 38
かかと歩き ………………………………………… ① 42
肩の関節 ……………………………………… ① 33、① 36
カーブのコース …………………………………… ③ 18
かべ倒立 …………………………………………… ④ 40
体のやわらかさ ………………………… ① 12、① 32、② 18
キャット＆ドッグ ………………………………… ① 38
競泳 ………………………………………………… ③ 45
きょり計算能力 …………………………… ① 15、② 22
きりかえ能力 ……………………………………… ① 14
くらげ浮き ………………………………………… ③ 30

クロール …………………………………… ③ 37、③ 38
けのび ……………………………………………… ③ 32
けん玉 ……………………………………………… ③ 9
ケンパ遊び ………………………………………… ③ 8
公園 ………………………………………… ① 24、① 30
交差とび …………………………………………… ④ 7
後転 ………………………………………………… ④ 38
股関節 ……………………………… ① 33、① 34、① 40
ゴール（徒競走） ………………………………… ③ 19

【さ】

逆上がり …………………………… ④ 26、④ 28、④ 30
サッカー …………………………………………… ② 44
ジグザグに走る …………………………………… ③ 10
姿勢 ………………………………………… ① 16、① 18
しゃくとりむしストレッチ ……………………… ① 43
ジャンプ …………………………………………… ① 20
水中じゃんけん …………………………………… ③ 28
水中にらめっこ …………………………………… ③ 28
垂直とび …………………………………………… ① 21
スタートダッシュ ………………………………… ③ 16
ステップ …………………………………… ② 10、② 16
スムーズさ ………………………………………… ① 15
すもう ……………………………………… ① 28、① 44
座る ………………………………………………… ① 17
正座パタパタストレッチ ………………………… ① 42
前転 ………………………………………………… ④ 36
側転 ………………………………………………… ④ 42

【た】

体操競技 …………………………………………… ④ 45
体力テスト ………………………………… ① 4、① 6、② 39
タオルギャザー …………………………………… ③ 7
タオルつな引き …………………………………… ④ 26
高とび ……………………………………………… ③ 25
立つ ………………………………………………… ① 16

だるま浮き……………………………………③ 30
短距離選手…………………………③ 22、③ 44
長距離選手……………………………………③ 23
直線のコース…………………………………③ 19
つま先歩き……………………………………① 42
手遊び…………………………………………② 8
手押し車………………………………………④ 35
道具コントロール能力………………………① 15
トカゲストレッチ……………………………① 41
徒競走…………………………………………③ 18
ドリブル………………………………② 39、② 40

【な】
長なわ…………………………………………④ 12
なわ遊び………………………………………④ 4
二重とび………………………………④ 8、④ 10
熱中症…………………………………………③ 20

【は】
ハサミ歩きストレッチ………………………① 37
走りはばとび…………………………………① 21
バスケットボール……………………② 42、② 45
バタ足…………………………………………③ 34
バットで打つ…………………………………② 37
ハードル走……………………………………③ 24
バトンパス……………………………………③ 21
バランス能力…………………① 14、① 22、① 28
ハンカチ落とし………………………………③ 11
パント…………………………………………② 35
反応能力………………………………………① 15
平泳ぎ…………………………………③ 40、③ 42
風船バレーボール……………………………① 23
フォーメーションダンス……………………② 22
ぶたの丸やき（てつぼう）…………………④ 27
ふとんのマネ（てつぼう）…………………④ 24
ぶら下がりポーズ（てつぼう）……………④ 27

ふり（ダンス）………………………② 8、② 16
ブレイキン……………………………………② 25
ホッピング……………………………………① 24
ボビング………………………………………③ 29
ボール遊び……………………………………② 42
ボール投げ……………………………② 26、② 28
ボールをける…………………………………② 34
ボールをつく…………………………………② 38
ボールをとる…………………………② 30、② 32
ボールをよける………………………………② 33

【ま】
前とび…………………………………………④ 4
前回り（てつぼう）…………………………④ 24
水に顔をつける………………………………③ 26
胸・背中の関節………………① 33、① 34、① 38
モデルウォークストレッチ…………………① 39
モンキー歩きストレッチ……………………① 41

【や】
遊具……………………………① 24、① 30、③ 9、④ 16

【ら】
ラケットで打つ………………………………② 37
らっこ浮き……………………………………③ 31
ランニングマン………………………………② 14
陸上競技………………………………………③ 44
リズム遊び……………………………………② 6
リズム感………………………………………① 14
リレー…………………………………………③ 21
連続空中前回り………………………………④ 33
ロンダート……………………………………④ 42

さくいんの見方　③ 40 …… 第3巻の40ページ。

●監修

遠山健太（とおやま・けんた）

株式会社ウィンゲート代表、一般社団法人健康ニッポン代表理事。
1974年アメリカ・ニューヨーク州生まれ。ワシントン州立大学教育学部卒業。東海大学男子バスケットボール部フィジカルコーチ、国立スポーツ科学センタートレーニング指導員（非常勤）、全日本スキー連盟フリースタイルチームフィジカルコーチなどを歴任。子どもの運動教室「ウィンゲートキッズ」「リトルアスリートクラブ」の運営のほか、保護者や小学校の教員向けの特別講演なども行う。著書に『スポーツ子育て論』（アスキー新書）など多数。

●取材協力　　　P4-24 井上 翼（Happy Sunny & Co.）、P42-43 後小路大志
●動画撮影協力　　井上 翼（Happy Sunny & Co.）、山田義基（株式会社ウィンゲート）
●参考文献

湯浅景元監修『運動が得意になる！ 体育のコツ絵事典 かけっこから鉄ぼう・球技まで』（PHP研究所）
遠山健太著『運動できる子、できない子は6歳までに決まる！』（PHP研究所）
西薗一也監修『うんどうの絵本④ ボールなげ』（あかね書房）
照英著『親子で運動会を勝ちにいく』（岩崎書店）
文部科学省『小学校体育（運動領域）まるわかりハンドブック』
平尾 剛監修『たのしいうんどう』（朝日新聞出版）
遠山健太著『わが子の運動神経がどんどんよくなる本』（学研プラス）

デザイン	OKAPPA DESIGN	動画撮影・編集	柴泉 寛、殿村忠博
イラスト	たけなみゆうこ、中村知史	編集協力	オフィス201（新保寛子、山田理絵）、柄川昭彦
校正	渡邉郁夫		

きみも体育がすきになる②
初めてでもできる！ ダンス、球技

2020年9月30日　第1刷発行

監修	遠山健太
発行者	岩崎弘明
発行所	株式会社岩崎書店
	〒112-0005　東京都文京区水道1-9-2
印刷所	三美印刷株式会社
製本所	大村製本株式会社
電話	03-3812-9131（営業）　03-3813-5526（編集）
振替	00170-5-96822

NDC780
48p　29cm × 22cm
Published by IWASAKI Publishing Co.,Ltd. Printed in Japan
©2020 Office201
ISBN978-4-265-08822-5

きみも体育がすきになる 全4巻

監修 遠山健太

1 遊びながら身につける 運動の基本、ストレッチ

2 初めてでもできる！ ダンス、球技

3 もっと速くもっと遠く！ 走る、泳ぐ

4 もうこわくない！ なわとび、とび箱、てつぼう、マット運動

岩崎書店